子どもたちと学びながら

――作詞やスポーツにも情熱

大友康二

目次

子どもたちと学びながら　――作詞やスポーツにも情熱

■コンプレックスの塊だった

■戦後の自由を謳歌

■行政マン、時々作詞家

■年　譜

コンプレックスの塊だった

「人生、分かりません」

生まれも育ちも秋田市下浜です。7月で87歳になりましたが、一度も離れて暮らしたことがありません。下浜の海と山は僕のアイデンティティーそのものです。

運動のできない子どもでした。小学校を卒業するまで逆上がりができなかったのは、学年で僕だけ。運動会も苦痛でした。短距離走はいつもビリ。だから、仮病を使って休もうとするのですが、いつも母に見破られていました。

虚弱でもありました。小学校の朝礼で倒れるのは毎度のこと。母の話では、生まれたときはぴくりとも動かず、産声を上げることもなかったので、死産かと思われたということです。体の弱さは生来のものだったのでしょう。

そんな僕が長じて体育教師になったり、県教育庁の保健体育課長になったりするんですから、人生は分かりません。

大学を出てから定年退職する60歳まで、小学校と高校の教壇に14年立ち、残りのほとんどは県の体育行政に携わりました。これが僕の職歴の全てです。

ただ「元教師」「元保健体育課長」などとくくられると、少し収まりが悪い感じがします。周りからは、よく「イベント屋」と言われてきました。公私の別なく、さまざまな団体を立ち上げたり、企画したりしてきましたから。

作詞活動もライフワークの一つです。手掛けた歌は160曲で、そのうち小学校、中学校、高校の校歌は18曲。子どものころは、自分が音楽に関わることになるなんて夢にも思っていませんでした。歌が下手で、声に劣等感を持っていましたので。

人生はどう転ぶか分からない。身をもって抱き続けてきた僕の人生観です。

県教育庁保健体育課長のころ
＝1981年

内気で虚弱で泣き虫

最初の記憶は、体中のかさぶたです。重いアトピー性皮膚炎だったかもしれません。そういえば「アトピー」の語源はギリシア語の「アトポス」で、「不特定の場所」という意味があるそうですが、その通りで体中泣きたくなるほどかゆいので苦労しました。かさぶただらけでしたので、人前に出るのが恥ずかしくて。少年時代、内気だったのはそのせいもあります。

体が弱く、泣き虫でした。駆けっこは周りの誰よりも遅く女の子にも負けていました。ガキ大将にいじめられ、泣きながら帰ってくると、二つ年下の弟俊三（故人）が「兄さんのかたきを取ってくる」と言って、相手の家に乗り込んで行ったものです。

小学校の6年間、ずっと級長でした。朝礼は最前列。それなのに毎回のように貧血で倒れているんですから。気が付くと職員室で横になっている。恥ずかしくて、情けなくて。

虚弱を理由に、夏になると学校からは水泳を止められていました。子どもにとって、夏の遊びといえば海水浴という下浜にいながら、海に入れないいんです。悔しかったですね。

自分が虚弱だと自覚している子どもは普通、内向的になるものです。僕もそうでした。劣等感の塊です。

そんな僕も、なぜか小さい子どもに懐かれるというところがありました。弱さが優しさに映ったのかもしれません。自分で作った紙芝居を見せたり物語を聞かせたりすると、喜んでくれたものです。ただ、僕自身は自分が他人のご機嫌をうかがっているように思えて、自己嫌悪に陥ることもありました。

体が人並みに丈夫になったのは旧制秋田中

4歳のころ（右）、弟の俊三と

学に入ってからです。大学時代、家族に「体育教師になるよ」と告げたときはびっくりされました。よりによって体育か、と。

小学校の同級生たちからは、よく「康二に体育を教わる子どもはかわいそうだ」とからかわれていました。体育とは一番縁遠かったですから。

素朴で質素、村の戦前

下浜村（現秋田市下浜）の羽川《はねかわ》集落は、山あいに開けた集落です。耕地が狭く、田舎にしては珍しく大地主がいなかったところだと思います。良く言えば貧富の差がない、はっきり言えばみんな等しく貧しかった。

家族は祖父母、両親、姉（養女）、兄、弟、妹、それに僕の9人でした。5人きょうだいのちょうど真ん中です。僕は昭和1桁生まれですので、9人家族といっても、当時は特別珍しいというわけではありませんでした。

戦前はそこそこの地主で、小作人が2人いました。祖父は村長、両親は教師でしたので、よそに比べれば暮らしぶりは幾分良かったのかもしれませんが、楽ではなかったはずです。

両親は帰宅が遅かったので、僕たちきょうだいは祖父母に育てられたといえるかもしれません。

祖父は厳格でした。1932（昭和7）年、現在の下浜小学校のある場所に下浜尋常高等小学校を開校したのは祖父の村長時代です。孫の学費のためなら、財産をなげうってもいいという教育熱心な人でもありました。

祖母には鍛えられました。まき割り、水くみ、草取りなど、家の仕事は何でもやらされました。虚弱な僕にも他のきょうだいと同じだけ仕事を割り当てたものです。体が丈夫になったのは、そのおかげだと思います。

村の暮らしは質素で素朴でした。みんなで助け合って生きていたと思います。言うまでもなく貧しかったからです。羽川集落には大友姓が

小学4年のころ（右）、きょうだいと。左から兄英一、妹美保子、姉千恵子、弟俊三

70戸近くあって、たどっていけば大概が親戚です。そういう意味でも暗さを感じさせない村でした。

あの時代は、みんなが律義で節度を守っていました。欲はあっても表には出さない、親を敬う、毎朝仏前に手を合わせる、家長の前にお膳に手を付けない。全て当たり前のことでした。

僕たちは、そういう戦前の暮らしの尻尾をかじった世代といえるかと思います。

お寺の娘さんに初恋

自宅のそばに菩提《ぼだい》寺があります。曹洞宗の「珠林《しゅりん》寺」といいます。祖母に手を引かれ、幼いころからしょっちゅう通っていました。境内裏の金比羅堂から続く筑紫《つくし》森とともに、僕の原風景の一つです。

昔からお寺は理屈抜きで好きな場所でした。大人になったら、お坊さんになるのかなと思っていたぐらいでしたから。子どもの目には、行くたびに振る舞われるまんじゅうも魅力的に映っていたと思います。

珠林寺には2人姉妹のお嬢さんがいまして、教師だった僕の父のもとに、よく勉強を教わりに来ていました。そういう縁もあって、わが家とは親戚のような付き合いでした。いまの住職は、高校入試の前に僕が勉強を教えたんですよ。

そのお嬢さんが、そろってとてもきれいな方でね。白状しますと、妹さんは僕の初恋の相手です。三つ年上で、僕が小学校3年のときでした。

いつでも誰にでも、きちんとあいさつする人で、子ども心に感心していました。「僕も見習わなければ」と憧れたものです。毎朝、わが家の前を歩いて通学する彼女の姿を、家の中からそっと眺めていました。

もちろん、片思いで終わりました。初恋といっても遠くから見ているだけで、まともに話したこともありません。彼女は埼玉に嫁ぎました。僕の寺好きは、淡い恋心とどこかでつながっているのかもしれません。

珠林寺との縁はこの年になるまで途切れることなく続いています。若いころに地域の先輩と始めた座禅会はいまも続けていますし、小学校教諭時代は夏休みにクラスの子どもたちを連れて寺でキャンプもしてました。

40代半ばで曹洞宗大本山の永平寺

菩提寺の珠林寺。境内に続く長い石段と途中の赤い山門が目を引く

と総持寺で研修し、得度《とくど》しました。いただいた僧名は「康道」。ありがたいことです。お寺との関係は、これからも大事にしたいと思っています。最期はお経をもらわないといけませんから。

恩師の一言が変えた

祖父は旧下浜村（現秋田市下浜）の村長になる前、小学校の教師をしていました。両親も教師でしたので、僕にとって学校の先生は身近な存在でした。

1937（昭和12）年、下浜尋常高等小学校に入学しました。1、2年の担任は女性。文字のきれいな、きちっとした性格の人でした。3、4年は男の先生です。

5、6年のときの担任は猪股啓三先生といいまして、印象深いですね。随分かわいがってもらいました。口が悪くて気性の激しい人でしたが、僕に対してはなぜか優しく、えこひいきに近かったと思います。

鮮明に覚えているのは、6年のときの健康優良児表彰です。学校単位で男女1人ずつを推薦し、その中から運動能力テストや健康診断、面接などで郡市、都道府県の代表を選び、さらに全国一を決めていました。いまはなくなりましたが、全国紙の主催で「日本一の桃太郎を探す」という触れ込みでした。

その学校代表に、先生は何と虚弱だった僕を推薦したんです。僕はといえば、学校表彰の日に体調を崩し入院していました。「健康優良児」がですよ。

郡の選考ではもちろん落選しましたが、副賞でもらったアルミニウムの桃太郎のメダルは、いまも大切にしています。

6年間、恩師には恵まれました。クラスメートに対し「康二君を見習いなさい」という言い方で引き立ててくれました。そのおかげで、劣等感の塊だった僕も少しずつ変わることができたと思います。自分が教職の道に進んだことと恩師との出会いに直接関係があったわけではありません

小学校時代の恩師。中段左端が猪股先生

が、影響は受けています。

それにしても、猪股先生はどうして僕に優しかったのかなあ。教師になってから先生のもとを訪ねたことがあります。非常に温厚で別人のようでした。「康二君、偉くなったな」と言ってくれたのがうれしかった。忘れがたい先生です。

現実感なき日米開戦

1941（昭和16）年の太平洋戦争開戦は、小学校5年のときでした。もっとも、この年の4月に国民学校令が施行されましたので、正確に言えば下浜国民学校初等科5年のときということになります。

あの時代の男の子の遊びは戦争ごっこです。幼い僕は虚実がない交ぜで、開戦の現実感がまるでありませんでした。ただ、真珠湾攻撃には大きな衝撃を受けました。4年前に始まった支那事変（日中戦争）とは明らかに質の違う戦争だと感じたことを覚えています。

子どもたちの話題といえば、戦争ばかり。きょうは敵の戦艦を何隻沈めたとか、戦闘機を何機やっつけたとか。そういう話をしながら手をたたいて喜んでいました。典型的な軍国少年でした。

応召兵の壮行会は下浜駅前で行われていました。僕たち子どもも整列させられ、小旗を振って軍歌で送り出したものです。出征するなんて大変名誉なことだと思っていました。出征はそれ以前からありましたが、支那事変のときとはまるで悲壮感が違うということは、子ども心にもうすうす感じていました。

開戦の年、僕にはこんな出来事もありました。地元にできた大日本海洋少年団の一員に選ばれたことです。5年生から高等科2年生まで、4学年40人ぐらいの編成で、海軍上がりの先生にしごかれました。手旗信号やモールス信号はこのときに覚えました。

少年団での真冬の行軍は忘れられません。下浜を出発して秋田市一円を巡り、最後は寺内の護国神社に参拝しました。40キロぐらい歩いたと思います。水兵帽が誇らしくて、歩き始めは得意になっていましたが、最後はふらふらでした。

あの荒行をやり遂げたことで、僕もようやく周りから一人前と認められるようになったと思います。脱落せずに歩き切ったことは、大きな自信になりました。

今も大切にしている大日本海洋少年団の水兵帽

秋中合格も1年休学

旧制秋田中学の入試は3日にわたりました。初日は体力測定、2日目は筆記、最終日は口頭試問（面接）でした。

実際に僕が受験したのは初日の体力測定、それも最初の準備運動を終わったところまで。駆け足の最中に倒れ、そのまま病院に担ぎ込まれました。それでも結果は合格。事実上の無試験で合格したのは、秋中《しゅうちゅう》の歴史で後にも先にも僕ぐらいでしょう。

現在、東京に住んでいる二つ年上の兄英一（88）の威光だと思います。兄は秋中では学年で1、2を争う秀才で、後に旧制一高から東大医学部を出て、神経内科医として宮内庁東宮侍医や都内の病院長を務めました。

試験官は「英一の弟」というその一点を評価してくれたのでしょう。合格した理由はそれ以外に考えられません。3倍を超える倍率でしたから。

何とか秋中に滑り込むことはできましたが、医師からは肋膜炎と診断されました。いまのように治療薬のない時代ですから、自然治癒を待つしかなく、1年休学することになりました。

午後になると微熱が出るぐらいで、痛いとか苦しいとかはありませんでした。とにかく「寝ていなさい」。あとは栄養のあるものを食べるだけ。子どもにとって、外出できないというのはそれだけで苦痛なことです。

さらにつらかったのは、周囲に結核と誤解されていたことです。わが家の前を通り過ぎる子どもは鼻をつまんで走り去っていったものです。まだまだ肺病に対する偏見が根強い時代でした。

家にあった本を手当たり次第に読みあさって1年をやり過ごし、1944（昭和19）年、ようやく

旧制秋田中学の校舎（校友会誌「羽城」第69号より）

秋中に通うことができました。当時は落第生が教室の一番前に座らされていましたので、1年遅れの僕も覚悟していました。実際は一番後ろ。背が高かったからかもしれません。ほっとしたのを覚えています。

戦後の自由を謳歌

一段上のステージに

旧制秋田中学には、1年間病気療養した後の1944（昭和19）年から通い始めました。同期は250人で、僕の一つ年下ということになります。

カルチャーショックを受けました。下浜村は当時由利郡でしたので、田舎者の僕には秋田市の連中が見るからに賢そうに見えました。みんな自尊心も高かったです。旧制中学特有のものでしょう。強い圧迫感を覚えたものです。

同時に自分の人生が一段上のステージに上がったという喜びもありました。子どもから大人になったという感じです。例えようのないみずみずしい感覚でした。

入学早々、陸軍幼年学校や海軍兵学校への転学を目指している者もいましたし、学者を夢見て猛勉強に励む者もいました。志の高い仲間に囲まれ、大いに刺激を受けました。

戦況は悪化の一途でしたが、秋中は自由に満ちていました。もっとも、いまの自由とは意味が違います。いまの人からみれば、上級生からのビンタや軍事教練でのしごきは不自由、理不尽と映るのでしょうが、それは当時とは全く違う常識で判断しているからです。僕たちにとっては当たり前のことでした。

あの時代に感じた秋中の自由とは、つまり思想の自由だったと思います。それは保障されていました。

ただ、戦時下ならではの、こんなことはありました。秋田駅でのことです。汽車が発車する間際、ホームへの階段を駆け下りると、上級生たちから足止めを食らいました。走りながら敬礼するとは何事か、というわけです。

それからは「敬礼」「直れ」の繰り返し。上級生は一向に解放してくれません。汽車は出発して

旧制秋田中学１年のとき（下から３段目左端）。国民服が標準だった

しまうわ、女学生に見られて恥ずかしいわで。でも原因をつくったのは自分ですし、上級生は絶対の存在です。理不尽とは思いませんでした。

軍国少年の8月15日

終戦は旧制秋田中学2年のときに迎えました。「15日正午より重大発表あり」という報道が前日にあり、玉音放送を聞きました。

学校は5月から勤労奉仕のため自習扱いでした。8月15日は朝から近くの山で燃料用の松根油《しょうこんゆ》を取る作業をしていて、昼前に帰宅しました。家にはラジオがありましたから、近所の人が大勢集まっていました。村の有力者は羽織はかま姿でした。

玉音放送の詳しい内容はよく分かりませんでしたが、日本が降伏したことは理解できました。ただ、敗戦の実感はまるでありませんでした。戦況がどんなに不利でも、軍国少年としては最後は神風が吹くと心底信じていました。

僕にとっては敗戦よりも、14日深夜から15日未明にかけての土崎空襲の方がずっと現実感がありました。米軍のB29爆撃機の編隊飛行の様子や、燃え盛る炎が下浜からも見えました。空襲の爆音と地響きも記憶に残っています。

学校は8月のうちに再開されました。最初にやったのが、校庭の穴掘り作業です。連合国軍総司令部（GHQ）は占領政策の一つに武道の禁止を掲げていましたので、剣道の用具を穴に埋めました。理科の実験で使う危険な薬品も放り込んだものでした。

秋田市手形の秋中の校舎は程なく進駐軍に接収されました。その後は市内の旧兵舎や小学校などを転々として仮校舎としてきました。

接収された校舎の理科室がダンスホールとして使われているのを後日、外から目にしました。開け放った窓からピンクのカーテンが風に揺れていたのを覚えています。進駐軍の兵隊が、女性と頬を寄せて踊っていました。

理科室は後ろに行くほど床が高くなるよう階段状に設計した大学の講堂のような造りで、秋中生の誇りでした。聖なる場

終戦後は国民服から学生服に変わった

所を侵された感じで悲しくてみじめで、涙がこぼれました。僕にとって、あれが敗戦を初めて実感した瞬間でした。

仮校舎を転々とする

旧制秋田中学の校舎は１９４５（昭和20）年9月、進駐軍に接収されました。仮校舎を転々とする生活は、学制改革を経て新制高校を卒業する50（昭和25）年まで続くことになります。

最初は秋田市将軍野の帝国石油鉱手養成所、いわゆる「石油学校」です。秋中のあった手形地区から、歩いて机と椅子を運んだものです。

石油学校での生活がやっと落ち着き始めた46年2月、今度は市内の国民学校（小学校）4カ所に分散させられました。いまの中通、築山、牛島、明徳です。授業は午前が小学生で、午後が僕たち。小学生用の机でしたので、脚が入らなくて困りました。

その3カ月後には、旧陸軍歩兵第17連隊の広大な兵舎に移されました。連隊は、いまの秋田駅前西口一帯を占めていました。卒業までの4年近く、そこで過ごしました。手形校舎は終戦の年の12月に進駐軍による失火で全焼していましたので、僕たちには帰る場所がありませんでした。新校舎が完成したのは僕らの学年が卒業した翌年のことです。

その兵舎ですが、だだっ広くて、がら－んとしていて、誠に落ち着きません。おまけに南京虫（トコジラミ）の巣窟です。冬になると寒くて寒くて。まきの配給が足りず、仮校舎とは別棟の兵舎の天井板や羽目板を手当たり次第にストーブにくべ、暖を取っていました。おかげで最初の一冬でほとんど柱だけの無残な姿になっていました。

兵舎のあった周辺は、あまり品のいい土地柄ではなかったように思います。不本意ながら僕は風紀部長でしたから、放課後になると繁華街

戦後の一時期、校舎に使っていた歩兵第 17 連隊の旧兵舎

を巡回し、ぶらぶらしている生徒に帰宅するよう声を掛けたりということをしていました。早弁《はやべん》を戒めるのも風紀の仕事。嫌な役回りです。

苦労した分、僕たち「(昭和) 25年卒」は同期の結束が固いといわれています。鬼籍に入った仲間も少なくありませんが、一生大事にしたい関係です。

わが青春、羽川学生会

1946(昭和21)年、下浜村羽川の同世代の男女30人ほどに呼び掛けて「羽川学生会」を立ち上げました。この時代の僕のハイライトです。戦争が終わり、青春を謳歌《おうか》したいという思いでいっぱいでした。

娯楽に飢えていた時代です。それまで、地域の芸能祭の出し物といえば民謡と流行歌、それにやくざ踊りぐらい。僕たちはもう少しちゃんとした演劇や合唱、合奏をやって、みんなに喜んでもらいたいと考えていました。

発表の場は学生会が毎年正月に主催した「羽川文化祭」です。会場の公民館は、入りきれないぐらいの人であふれたものです。羽川地域の70代以上の人は、当時の盛況を覚えてくれているはずです。

あの時代、若い男女が一緒に活動するということはほとんどありませんでした。不良と見られていましたから。学生会は社会奉仕も日常活動としていましたので、住民の評判が良く、変な目で見る人は少なかったと思います。学生会出身で結婚したカップルが多いのは事実ですが。

田舎のことですから、難癖をつける人はいました。旧制の秋田鉱山専門学校の連中からは「『学生』とは俺たちのことを言うのだ。君たち『生徒』が名乗るのはおかしい」と言われました。やっかみだったと思います。後で入りたいと言ってきましたから。

20、30代が中心の地元青年会も内心、穏やかではなかったはずです。ただ軍国主義の片棒を担いだという負い目からか、戦後の一時期は有名無実化していて、学生会に文句のあるような人も黙認していました。学生会が活動できたのは、そんな背景もあり

羽川学生会が主催した文化祭＝ 1949 年ごろ

ました。

　忘れがたいのは、男女が仲良くしていることを快く思わず、またうらやましく思っている羽越線通学の他の学生が「下浜の学生たちは男女乱れた関係にある」と吹聴したらしく、聖霊高校の十数人が学校の指導で脱退を申し出てきたことです。すぐ単身で聖霊高校に行き、山口教頭先生に説明し、了解をもらいました。翌日、学校に行ったらクラスの黒板いっぱいに「大友のスケベー」と書いてありました。誰も知らないはずなのに。実は、会ってくれた教頭先生はクラスの山口君の父君だったのです。

　学生会は、いまも地元の高校生を中心に活動しています。世代を超えて、しっかり地域に根付いています。うれしい限りです。

ふるさと野球、健在！

地元・秋田市下浜が誇る一大イベントといえば、何を置いても「ふるさと野球」です。第１回大会は旧下浜村時代の１９４７（昭和22）年。昨年、丸70回の節目を迎えました。いまは下浜体育協会の主催ですが、もともとは下浜中学校ＰＴＡが始めました。いきさつはこうです。

下浜中は学制改革で47年に創立されました。野球部も産声を上げたばかりで、対戦相手を探していました。そこで学校とＰＴＡは、前年に羽川地区の学生有志でつくったわれらが「羽川学生会」に目を付けます。野球は学生会にとって主要な活動の一つでした。

学校に呼ばれた僕は、校長とＰＴＡ会長に一つの提案をします。野球部と学生会で試合をするのもいいが、村主催で村中からチームを募り、大規模な大会を企画してはどうか――。生まれたのが「ふるさと野球」の開催でした。旧制秋田中学４年のときのことです。

第1回大会は参加7チーム。用具もまともにない中で、選手も観客も心から楽しんでくれました。参加チームは最盛期で33。昨年（2016年）も23チームが参加しました。どんなに人口が減り、高齢化が進んでも、盛り上がりは昔のままです。

開催は毎年8月14、15日。お盆の帰省時期に合わせた日程ですが、住民からは「帰省しても息子は朝から晩まで野球漬け。ろくに墓参りもしない」という、うれしい苦情も寄せられています。

往年の名選手も〝輩出〟しました。甲子園を沸かせた秋田商高の山岡政志投手と、早稲田大野球部で主将を務めた山岡長英捕手が代表格で

ふるさと野球の閉会後、参加メンバーと（後列左から4人目）＝1947年か48年

しょう。

考えてみれば、戦前生まれの僕たちは遊ぶことは悪いことだという価値観で育ちました。特に農村はその傾向が強かった。大げさに言うと、そうした呪縛から解放されたかったんだと思います。戦後でしたから。

ハダシにほおかむりと、スタイルは目茶苦茶でしたが、親戚や友人たちの観客は多く、特に女子の声援で燃えました。

写真に並ぶほとんどの人たちは鬼籍に入り、生存者は私のほか四人です。

学制改革で高校2年

1948（昭和23）年4月、旧制秋田中学で最上級生の5年に進級するはずだった僕は、学制改革で新制の秋田南高校2年生になりました。

秋田南高校が秋田高校と改称されるのは、その5年後。僕が在学したのは秋田高校の前身で、いまの秋田南高校とは違います。

生徒の間に不安が広がっていたことは事実です。それでなくても校舎が進駐軍に接収され、仮校舎としていた旧兵舎で不便な学校生活を強いられていました。新制高校のありようも不確かでしたし、戦後の混乱で将来の展望も描きにくくなっていました。

僕自身はのんきに構えていました。ただ、旧制中学が新制高校に継承されたのを境に、秋中時代に抱いていた愛校心は、ぐっと薄れました。旧制中学在学中、学制改革をくぐった人たちに共通する思いでしょう。

われわれの学年は秋田南高校に2年在学しましたが、一つ上の学年は48年3月に旧制中学を卒業するか、卒業せずにその年の4月から新制高校の3年に進級するか選択できました。卒業する先輩も少なくなかったように記憶しています。やはり、秋中生として卒業したかったのでしょう。

胸を躍らせて入学した秋中も、複雑な思いで卒業した秋田南高校も、校舎はもうありません。寂しいものです。

高校3年の49年には、学制改革で秋田大学が新設されました。秋田鉱山専門学校、秋田師範学校、秋田青年師範学校を母体に新制大学として産声を上げました。

僕が入学したのは、その翌年。2期生ということになります。学制改革がなかったら、僕の人生も少し変わっていたかもしれません。

〈学制改革の主な内容は小中高校、大学

高校3年の運動会で。旧制秋田中学に抱いていた愛校心は学制改革で薄れた

の6・3・3・4制採用と、義務教育年限の延長（9年）。社会階層に応じた戦前の教育構造から、教育の機会均等を目指した〉
大学の整備は遅れていて、一期生は在校半年、実質的には私たちが一期生の役割を果たしました。

■何もないけどすべてがあった

旧帝大蹴り秋大入学

1950（昭和25）年、東北大学教育学部に合格しました。難関でしたが、適性検査がよかったのです。でも、実際に入学したのは創立2年目の秋田大学学芸学部（現教育文化学部）。経済的な理由からです。

旧帝国大学を蹴って秋田大に進んだのは僕ぐらいです。悔しくなかったと言えばうそになりますが、家庭の事情を思えば親には口にできませんでした。

秋大をはじめとする新設の国立大学は当時、「駅弁大学」とやゆされたものです。「駅弁を売っている駅ごとにあるような、ありふれた大学」といった意味です。新設大学の社会的評価がそれだけ低かったということです。

僕が入学した当時、秋大はまだ大学の体を成していませんでした。教官は前身の秋田鉱山専門学校、秋田師範学校、秋田青年師範学校の出身者。カリキュラムは一応整っていましたが、教える側がそもそも大学というものをしっかり理解していないような感じでしたし、一体何を教えればいいのか、よく分かっていないようでした。

旧帝大の入試に失敗して入学した学生にとって秋大は滑り止めなどではなく、自習室のように位置づけられていたと思います。翌年の入試に向け、腰掛けのようにしていた学生が少なくありませんでした。いまでは考えられないかもしれません。優秀な連中ほど、すぐやめて上位の大学にいきました。

大学ってこういうものかと思いました。大学に抱いていたイメージが覆されました。秋大がようやく大学として形を整えてきたのは、僕が3、4年のときだったと思います。

秋田市保戸野にあった秋田大学学芸学部。現在の手形地区に移ったのは 1963 年

終戦から5年。価値観の定まっていない時代でしたが、同時に何をやっても許されるという自由な空気が学内にはありました。入学後、僕がさまざまなサークルや運動部を立ち上げることができたのも、そうした背景があったからこそだと思います。とにかく何もありませんでしたから。

面白いことをやろう

秋田大学に入学した１９５０（昭和25）年の夏休み、演出家を志し上京しました。同郷の下浜村出身で、劇団文化座俳優の森幹太さん（故人）を訪ねたのです。

大学に入ったものの、人生の目的は定まっていませんでしたし、未来はぼやけていました。自分の覚悟がどれ程のものだったのか、いまとなっては記憶にありませんが、よって立つ何かを求めていたんだと思います。

森さんからは「君の考えは甘い。本当にやる気があるなら、大学を卒業してから来なさい」とたしなめられました。ショックでしたが、森さんなりに僕の将来を考えてくれたんでしょう。結局、１週間で秋田に戻ることになりました。

とはいえ、大学に悲観していたわけではありません。上京の前後から学内にボクシング部、映画研究会、バドミントン部、演劇部を次々に立ち上げました。

中でも思い出深いのは、監督代行として率いたボクシング部です。同期の一人が経験者だった縁です。セコンドとしてリングに立ち、創部2年目で東北大会の学校対抗で優勝しました。会場の県記念館（秋田市）は超満員。後に僕と結婚することになる友子は当時、秋大学芸学部の1年生で、その場で観戦していたと聞きました。

映画研究会は名ばかりの「研究会」でした。活動の中身は市内の映画館と交渉して特別に半額券をもらい、希望する学生に配布するというものでした。希望者が殺到し、喜ばれました。

できたばかりの大学です。面白そうなことをやろうと思えば、自分たちが立ち上がるしかありませんでした。青芝会という自治会が創設され、委員は選挙で選ばれました。当選者の大部分は予科出身者で

大学２年のころ（中列右端）、児童文化研究会の仲間と。演劇にも熱中した

した。私の当選は映画券のおかげです。

それにしても忙しい生活でした。秋田師範学校時代からあった児童文化研究会にも籍を置いて「ハダカの王様」を演出しました。王様は菅原良吉氏、ハタオリのだまし屋は小田原行雄氏（旧姓・秋元）と飯泉重春氏でした。大好評でした。3年からは野球部監督も任されました。地域活動も盛んに行っていました。勉強はそっちのけ。体がいくつあっても足りませんでした。

埋めがたき学部の溝

秋田大学に入学して感じたのは、学芸学部と鉱山学部の間に生じていたあつれきです。

大学新設に当たり、前身の秋田師範学校が複数の学部を持つ総合大学設置を主張したのに対し、鉱山専門学校は鉱山系の単科大学設置を目指し、署名運動などを展開していました。そのしこりが残っていたわけです。

僕の印象で言うと、鉱山の学生は全国から集まり、学芸の学生を下に見ている節がありました。少なくとも、仲は良くありませんでした。

3年のとき、準硬式野球部の学生監督を任されましたが、野球部と何の関わりもなかった僕が監督になった理由も、元をたどれば学部間の溝に行き着きます。

いきさつはこうです。野球部には両学部の学生が所属していましたが、選手起用をめぐり不満が根強かった。どちらか一方を立てれば、一方が立たない。部員の不信を買った前監督の教授は、監督を解任される事態になりました。監督不在による野球部解散の危機を回避するため、お鉢が回ってきたのが僕だったというわけです。ボクシング部をはじめ、さまざまな運動部やサークルを立ち上げ、学内で評判になっていたからだと思います。

監督になって感じたのは、両者のあつれきは感情的な対立に根差しているのであって、何かちゃんとした理由があってのことではないということです。

だから、選手には「理由もなく、同じチームでいがみ合っていても仕方ないだろう」と言い続けました。上級生もいましたが、遠慮はしませんでした。

それでも気は使いました。当時は鉱山学部が手形地区に、学芸学部が保戸野地区にキャンパスがありましたから、練習場所を一方に偏らないようにするとか。主将を

秋田大学野球部監督としてベンチから指揮を執る（右から２人目）

どちらの学部から選ぶかでも悩みました。学部間の対立感情がようやく解消されるようになったのは、僕が卒業するころのことです。

チームワークができたのはグラウンド整備・草取りを通してだったと思います。一番先にグラウンドに出て草取りをしました。鉱山の上級生たちもその姿を見て従ってくれたようです。

校長の前で学校批判

僕は小学校教員の養成課程を専攻していましたが、教師になるという目標は4年になるまで明確ではありませんでした。

教師の数が足りず、無資格の代用教員が数多くいた時代です。大学出の先生は重宝されていましたから、教師になるという志さえあれば取りあえず働き口には困りませんでした。心のどこかにそうした余裕があったのかもしれません。

演出家になりたいという漠然とした夢は、大学の4年間で完全に消えていました。現実が見えてきたということだと思います。教職への道に、もう迷いはありませんでした。

最初に話をもらったのは横手城南高校からでした。作家石坂洋次郎の出世作「若い人」の世界観に憧れていましたので、石坂が教師として一時期在籍した学校に赴任できることを素直に喜びました。

ところが、思わぬところで別の話が舞い込んできました。秋田大学付属小学校からでした。
大学の学生部長から呼び出され、付属小について
あれこれ意見を求められました。僕にはリベラルな
ところがありましたから「実験校の看板を掲げてい
ながら、目立った活動がない。恵まれた子弟だけの
学校」などと批判めいた話をしました。
学生部長の隣には見知らぬ紳士が座っていまし
た。僕が一通り話し終えると、学生部長から「この
方は今度、付属小の校長に着任される教授だ」と紹
介されました。冷や汗ものです。非礼をわび、席を
立ちました。付属小から「大友が欲しい」という話
をもらったのは、その直後のことです。
付属小ではそれまで、新卒の採用はありませんで

秋田市中通地区にあったころの秋田大付属小学校。現在は保戸野地区に移転した

した。第一号です。他は経験豊富な先生ばかりです。教育実習でお世話になっていましたので、なじみもありました。校長に学校の悪口を言って、なぜ声を掛けてもらったのかは分かりませんが、名誉なことには違いありません。即決しました。

教育実験校の教壇に立つ

教育実習生の指導役に

1954（昭和29）年、秋田大学学芸学部を卒業し、秋田市東根小屋町（現中通）にあった秋大付属小学校で体育教師としての一歩を刻みました。

虚弱だった僕がそもそもなぜ体育教師になったのか。実は深い理由はありません。学芸学部は当時、教科の専攻を入学後に決めることになっていて、僕は最初、国語を選びました。ただ、研究室の雰囲気が暗くて、なじめませんでした。それですぐに体育に移ったというわけです。明るかったですから。

担任を持ったのは2年目から。1年目は3年生以上に体育を教えました。全校児童は700人余りでしたから、1年で500人近くを受け持ったことになります。

先生は30人近くいました。もちろん僕は一番下っ端。年の近い人でも10歳ぐらい離れていましたから、教師というより給仕という感じでした。

先輩教諭の中には、戦前から教壇に立っていた人も多かったはずですが、戦時教育の影はなかったですね。全県から選び抜かれただけあって、人格も見識も優れた人たちばかりでした。

こんな幸運もありました。

当時は付属小が県内唯一の教育実習校で、教務主任が指導担当でした。実習生の配置と担当教諭から上がってくる採点の報告を受けるのが主な仕事です。

その教務主任が、何と1年目の僕に指導担当をやれと言ってきたのです。「自分は（旧制の）師範学校出身なので、大学というものをよく分かっていない」という理由でした。

付属小にいた10年間、教育実習生指導担当を任

秋田大付属小教諭時代（左）、教育実習生と

されました。実力を買われた抜てきではありませんが、実習生は僕のことを覚えてくれていたと思います。この時期に培った未来の先生たちとの関係は大きな財産になりました。教育実習生指導はきょうの私をつくるため、大きな、そしてありがたい役割を果たしてくれたと思っています。

実験校で先駆的授業

秋田大学付属小学校の教師は、全県から選び抜かれた精鋭ぞろいで大館・大曲など多彩でした。教育実験校という使命を担っていたからです。

先駆的な教育の在り方を模索し、成果を県内の小学校に還元するのが実験校の役割です。最大の披露の場は年1回の公開研究会。いまも続いています。

新米教師の僕も、いい授業を見せようと必死でした。当時の体育教師といえば、判で押したように子どもに号令を掛ける人ばかり。科学的な考察に欠けた授業が多いと感じていました。

僕が重視したのは運動量の管理と運動の効率化です。跳び箱を例に取ると、1人当たりの運動時間は4秒程度にすぎません。全員が跳び終わるまで、その4秒以外は何もしていない。もっと合理的なやり方があるはずだと思いました。

そこで考えたのが、跳び箱の後にマット運動と障害走を組み入れるメニューです。連続した運動を課したわけです。公開研究会でも評判でしたよ。

着任翌年からは高学年を担任しましたが、授業の最後には5分間テストを行いました。授業をどれだけ理解しているか見る狙いです。集中力を高める効果があったように思います。

「未完成作品展」も思い出深いです。夏休みの自由研究を仕上げられなかった子どもの図画や工作を教室に並べた企画です。夏休みが終わりの子どもの焦燥感や父母の激励、手助けなどを知っていたからです。そもそも夏休みの宿題が多すぎると思っていました。あれは僕なりの抵抗です。子どもの頑張った過程を評価したいという思いもありました。

教育実験校の秋田大付属小でユニークな授業を試みた

見せしめ、甘やかしと批判されても仕方ありませんし、僕の独り善がりだったかもしれません。それでも学校は一切口を出しませんでした。

早生まれの子どもや、一人っ子だけの学級を編成し、学力差や性格の違いを検証してはどうかという提案もしましたが、果たせませんでした。いまなら大変な人権問題ですね。

思い出多い宿直勤務

新米教師のころは秋田大付属小学校で唯一の独身でしたので、宿直はよく回ってきました。月に8回ぐらいだったでしょうか。男性教諭25人ほどで回していましたから、ならせば1人当たり月1、2回ということになりますが、独身の身軽さもあり、代わってくれという先輩からの頼みは率先して引き受けていました。

苦痛ではありませんでした。むしろ楽しかった。下浜から汽車で通っていましたので、学校に泊まった方がかえって楽だったということもあります。

宿直手当も魅力的でした。僕の初任給は9200円でしたが、宿直手当は確か一晩800円か900円ぐらいだったと思います。毎月本給に近い実入りになりました。

泊まりの日は、教え子と日が暮れるまで校庭で遊んだりしました。業務といえば、校務員と一緒に夜と朝の定時に校内を巡回し、異常がないか点検するぐらいのものです。

宿直室に泊まりに来る子もいました。僕自身、若かったですから、子どもから見れば先生というより仲間という感覚に近かったかもしれません。昔話をしてあげたり、その場で作った物語を聞かせたり。いろんなゲームをして遊んだりもしました。昔から近所の子どもによくやってあげていましたから、慣れたものです。

もちろん、宿直室に児童を泊めるのはルール違反。保護者が許可しているといっても、子どもの夜遊びはいま以上に厳しく戒められていた時代です。ただ、いちいち校長に断ったりすることはありませんでした。おとがめを受けた記憶もありません。おおらかな時代でした。

校務員も若いというだけでよく親切に教えてくれました。今でも感謝しています。保護者も印象深

宿直の日は、日が暮れるまで教え子と校庭で遊んだ＝1958年

いですね。若い教師が珍しいということもあったと思います。よく声を掛けてもらいましたし、かわいがってもらいました。泊まりの日の差し入れは、ありがたかったなあ。

人生は運と縁と恩だ

秋田大付属小学校では着任2年目に5年生を担任しましたが、最初は保護者から「若い体育の先生で大丈夫か」と随分心配されたようです。「ほかにいい先生はいないのか」と陳情に来る保護者までいたそうです。でも校長は「大友先生がいいんです」と答えてくれたそうです。

校長は枝川了円先生という方で、秋大の教育学の教授でもありました。僕の秋大在学中、付属小を批判した長口上を学生部長と一緒に聞いていた例の紳士です。

枝川校長は教職員を前に「皆さんは選び抜かれた先生です。思ったことを自由にやってください。一切の責任は校長の私が取ります。どうか子どもを伸び伸びと育ててください」という話をしたことがあります。

感動で体がうち震えたのを覚えています。ああいうことは、思っていてもなかなか口に出せるものではありません。教師としての駆け出し時代を枝川先生の下で過ごせたことは幸せでした。本当に自由にやらせてもらっていました。

周りの先生は「われ以外、皆わが師なり」という人ばかり。よくお相伴にあずかり、いろんな教育論に触れさせてもらいました。「忘我《ぼうが》会」という飲み会グループを作ったりしてね。どの先生も、からっとしていて、話も面白かったなあ。先輩たちのほとんどは教育委員会の指導主事になりました。

いろいろな方と同職しましたが、中でも体育の広嶋正比古《まさひこ》先生は恩人です。広嶋先生は後に県教育庁保健体育課に異動しましたが、先生の〝引き〟がなければ、僕はずっと教壇に立って

秋田大付属小学校に着任して3日目（前列中央）、歓迎会で同僚と＝1954年4月

いたと思います。

音楽の大守崇男先生、佐藤清子先生とは、コンビを組んで何曲も歌を作りました。作詞は僕、作曲は両先生の担当です。転校していく教え子に贈る歌や応援歌、忘我会の歌も作ったんですよ。

人生を決めるのは運と縁と恩だと思っています。付属小教諭時代、僕は全てに恵まれていたといえます。

子どもの能力に感服

小学校の教壇に立っていますと、子どもの秘めた力にはっとさせられることが少なくありません。

担任していたクラスにY君という子がいました。リーダーシップがあってクラスのまとめ役でした。僕も信頼を寄せていましたが、転校することになったのです。手前みそになりますが、本当にいいクラスでしたので、Y君がいなくなることは僕にとってもショックでした。

ところが、Y君が転校した途端、それまであまり目立つ存在でなかった子どもがクラスをまとめてくれるようになったんです。蒙《もう》をひらかれる思いでした。機会を得ることで、子どもは眠っている能力を発揮できるということを教えてもらった気がします。

個性的な教え子も多かったです。通学途中の本屋さんで立ち読みに夢中になり、ランドセルを置き忘れたという子もいました。本屋さんから電話があって、すぐに取りに向かわせましたが、学校に戻ってきた子どもを見て驚きました。手ぶらだったんです。ランドセルを受け取ったものの、直後に立ち読みを再開してしまったそうです。さすがに本屋さんの店員さんも笑いの電話をくれました。女の子です。

恐れ入りました。自分が何のために本屋さんに行ったのか忘れてしまうぐらい、本に熱中できる集中力があったということです。その子は後に小学校の校長になりました。

保護者との関係は緊密でした。普段から教室を開放し、自由に授業を見てもらっていました。学級通信も事務連絡の域にとどまらず、僕という人間を分かってもらうよう工夫しました。私信に近

教え子に囲まれて。秘めた能力に驚かされることが少なくなかった＝ 1958 年

かったかもしれません。二枚ずつ印刷して一部はあとで冊子にまとめて家庭に届けました。そうやって保護者との距離を縮めていきました。

いまの先生たちはちょっと気の毒ですね。事務的な仕事に追われ、子どもや保護者と接する時間があまりにも少ない。時代が変わっても、家庭と学校に信頼関係がなかったら、いい教育などできるはずがありません。

片足はまごころ国体

1961（昭和36）年4月、秋田大付属小学校に在職しながら、県教育庁保健体育課内の秋田国体事務局に駆り出されました。声を掛けてくれたのは、式典担当の主任で保体課指導主事だった広嶋正比古《まさひこ》さん。付属小で4年同職し、ツーカーの仲でした。

正式な辞令が出ていたわけではありません。学校では午後を空けるため2年生を担任しました。国体が終わる10月までは午前が通常の授業、午後は事務局詰めという生活でした。

開会式のアトラクションのマスゲームを考えたり、開会式本番で選手たちに入場の合図を出す係を担当しましたが、実際は小間使いのようなものです。広嶋さんには付属小時代から弟分のようにかわいがってもらっていましたので、部外者の僕にも関わらせてやろうと、声をかけてくれたのです。

当時の国体は国民的行事でした。開催地のインフラ整備も、いまとは桁違いの規模です。来県した天皇、皇后両陛下が、期間中の6日のうち4日ご覧になっていたことからも、国体の位置付けが分かってもらえると思います。

県民の高揚感も大変なものでした。47都道府県で秋田は16番目、東北では初の単独開催。「健康・明朗・親切」というキャッチフレーズは終わってみたら各県から「まごころ国体」と称賛されました。スポーツの力をあらためて確認する機会になったと思います。秋田は二十年、前に進んだといわれました。

保体課長だった大野米蔵さんとは、このとき知り合いました。僕は秋田国体の2年半後に保体課に異動することになりますが、その後はほぼ毎

両陛下を迎えての秋田国体開会式（「第十六回国民体育大会報告書」より）

年、国体視察員の末席に名を連ねることを許されました。大野さんの計らいです。

全国を回って勉強してこい、スポーツの人脈を作れ、その財産を秋田に還元しろ、ということだったのでしょう。後に僕は〝国体男〟の異名を取るようになります。全ては秋田国体が始まりでした。

■行政マン、時々作詞家

より良い体育を求め

秋田国体の翌1962（昭和37）年、「秋田県学校体育研究会」という団体を創設し、理事長に就きました。そのため研究授業として雪の上サッカー（4年生）を提示しました。全国にさきがけた秋田体育の発足です。小中高の垣根を越え、学校体育の充実を図る狙いです。学校体育研究連合会の名でいまも活動しています。

中心になったのは県教育庁保健体育課の阿部亮一さん、旭南小学校の高橋実さん、旭北小学校の今睦雄さん、それに僕の4人。全員が国体に携わったメンバーでした。影響を受けたのは、東京教育大（現筑波大）の竹之下休蔵教授が提唱した「グループ学習」です。

各グループにリーダーを置き、子ども同士が話し合いを通じて自力で課題の解決を目指す。教師が子どもに「これこれをやるのはここを鍛えるため」とか「授業の目的はこれこれです」といったことを明示するのも、当時としては画期的でした。

僕は竹之下理論を憲法のようにあがめていましたので、ほかの先生にも薦めたいと考えていました。竹之下先生の考えに惹かれたのは、不合理極まりない体育の授業を、僕自身が幼少期から苦痛に感じていたからだと思います。

活動の柱は公開授業と年1回の大会。竹之下先生を秋田に招き、直接お話を伺う機会を設けました。その後、竹之下グループの有名教授が多く訪れ、指導してくれました。

ちょうどそのころ、県教育庁への異動の話がありました。教壇を離れることに未練もありましたが、潮時かなとも感じていました。こと、学校体育に関しては秋田を先進県に押し上げたという自負もありました。

県学校体育研究会の仲間と（中央）＝1965年ごろ

64年、秋田大付属小学校から保体課に異動することになりました。付小の離任式の挨拶はたった一言「さようなら」でした。教え子たちには強く印象に残ったようです。

大学の1学年下の友子と結婚したのは教師になって4年目の秋です。披露宴は平日。授業を終えた足で午後から公民館で行いました。虚礼を排し、合理的な生活様式を進めた新生活運動のはしりでした。簡素な式でしたので、その後も今も友子の三沢家に失礼なことをしたという思いが残っています。

1女1男にも恵まれました。付属小在職の10年間は、人生で掛け替えのない時間でした。

学校訪問に駆け回る

秋田大付属小学校から県教育庁保健体育課に異動した1963（昭和38）年は、東京五輪があった年です。国民のスポーツへの関心がかつてなく高まり、学校体育にも注目が集まり始めた時期でした。

指導主事としての仕事は、学校訪問が中心でした。指導主事は「先生の先生」のような立場で、授業を視察して教師に必要な指導と助言をする。当たり前といえば当たり前ですが、授業内容は地方へ行くほど遅れていました。

良く言えば自由放任、悪く言えば投げやりという授業が多かったように思います。代表例がドッジボール。先生は子どもにボールを預けておしまい。観察していますと、ボールに触っているのは上手な子だけです。果たしてこれが授業と呼べるのかということを問い掛けました。

逆に子どもに例外なく負荷をかける教師もいました。運動量を増やせばうまくなるという誤った常識に基づいた授業です。

確かに学校体育には、まだ標準型が完成されていませんでしたが、授業の内容次第で上達の度合いや、身につく体力に差がつくといったことははっきりしていました。体の仕組みを教える保健の知識も、教師にとっては不可欠です。まず、そうした問題意識を植え付けることを心掛けました。

30代半ばの僕にとって、この時期の最大の収穫は、県内各地でいろんな人と知り合えたことだったと思います。何しろ、訪問した学校は年間80近かったですから。

学校訪問ではこんなこともありました。到着

保健体育課の指導主事時代（左）。学校訪問で県内を駆け回った＝1965年

した時間が早すぎ、近くの神社に車を止めて時間をつぶしていたら、うっかり眠ってしまった。目覚めたのは授業開始から1時間後。

校長は寛大でしたが、遅刻したせいでその時間に用意していた研究授業は見られませんでした。担当の教師は入念に準備していたに違いありません。申し訳ない気持ちで研究協議のあとでその指導者に謝りました。思い出すだけで、いまでも冷や汗が出てきます。

キャンプに明け暮れ

県教育庁保健体育課では、学校訪問のほかに「野外活動」も担当していました。れっきとした学校行事です。指導主事はそれぞれ専門とする競技を担当していましたが、スポーツの競技経験のなかった僕には、うってつけの担当だったと思います。

思い出深いのは県教育委員会主催のキャンプです。高校生と中学生、指導者のそれぞれを対象に、毎年夏に開いていました。中学生は全県から300人が参加して由利海岸（金浦・平沢）、一般は田沢湖が会場でした。また、仕事とは別に、地元の下浜地区をはじめとする子供会のキャンプにも関わっていました。象潟の新町子ども会は最近OB会を開いて年一回お邪魔しています。平均年令65歳ぐらいです。シーズン中は家でくつろいでいる暇もないほどの忙しさでした。

十和田湖畔での高校生のキャンプには、毎年全県から100人ほどが参加しました。オートキャンプ場などない時代です。石を組んで煮炊き用のかまどをこしらえたり、トイレ用の穴を掘ったりしていました。文字通りの野営です。

見ず知らずの生徒が5日間も濃密な時間を共にする。苦労が多い分、キャンプが終わるころには見違えるほどたくましくなっていました。

生徒の環境適応力を、教師の多くは疑っているのではないでしょうか。確認するのは簡単です。不便な環境に生徒を放り込めばいい。安全管理上のリスクは伴いますが、教室では分からなかった生徒の能力を発見できるはずです。指導者対象のキャンプでは、そんなことも考えてもらうようにしていました。

県教委が10年ほど前に行ったキャンプの写真

小坂町の十和田湖畔で高校生を対象に行った県教委のキャンプ＝1971年

を見せてもらったことがありますが、設備や用具がきちんとそろっていました。あれでは教室をそっくり屋外に移したようなものです。時代が変わったとはいえ、安全を優先するあまり、大事な何かを置き去りにしている気がしてなりません。

キャンプに参加したかつての高校生から、定年退職のあいさつ状をもらうこともあります。あれからそんな年月がたったんですね。

初の海外で40人引率

１９６６（昭和41）年、日本ユースホステル（ＹＨ）協会の計らいで、45日間の西欧8カ国研修旅行の機会を得ました。

海外の渡航自由化はその2年前。「カニ族」（横長のリュックサックを背負い安宿を渡り歩く若者）という言葉がはやりだす以前のことで、海外旅行はまだ夢の夢という時代でした。

研修旅行参加のきっかけは、前年に開かれたＹＨ指導者の全国大会です。僕は県教育庁保健体育課のＹＨ担当という立場で参加しましたが、会議の席上、日本ＹＨ協会の横山祐吉会長とやり合いました。

「旅は教育の延長であり、ＹＨはその拠点だ」というのが横山さんの持論です。僕は生意気にも「ＹＨはあくまで安宿。教育、教育と言わずにもっと安宿としてＰＲし、普及を図るべきではないでしょうか」と主張しました。

協会は安宿と言われるのを極端に嫌がっていましたが、その代表に物申してしまった。会議がしらけたのを覚えています。

ところが、その協会から団長として西欧研修を率いてもらえないかという依頼が舞い込みました。費用は全て協会持ち。臆せず意見したことが、思いがけずいい方向に転びました。

初めての海外は感動の連続──と言いたいところですが、実際はそんな余裕はありませんでした。何しろ、ガイド不在、通訳不在の中で、10代から50代の男女40人を引率するんですから。

メンバー間で恋愛感情が芽生えたり、三角関係になって仲がこじれ

日本人観光客がまだ珍しがられていた時代。行く先々で新聞に取り上げられた

たりということもありました。旅を楽しむというより、無事に終わらせなければという使命感でいっぱいでした。苦労しました。その成果が認められて昭和48年に再びの45日間、今度は東欧でした。

研修旅行で学んだのは、外国の素晴らしさと日本の素晴らしさです。あれ以来、海外には何度も出掛けるようになりましたし、日本の良さを見直すきっかけにもなりました。

それにしても、職場はよく1カ月半も休ませてくれたものです。上司や同僚には感謝の言葉しかありません。

手掛けた校歌は18曲

旧制秋田中学時代から詩が好きで、よく作っていました。自作を初めて人前で披露したのは、秋田大付属小学校教諭の20代のとき。「学級歌」の歌詞です。同僚の音楽の先生に曲を付けてもらいました。

その後は口づてに評判が立ち、請われるままにイベントの記念歌や市町村のイメージソングとして歌詞を提供しました。

創立したばかりの河辺小学校から校歌の作詞を依頼されたのは1971（昭和46）年のことです。池田康夫校長が、僕の立ち上げた体育教師有志の団体「秋田県学校体育研究会」のメンバーだったという縁からです。

当時、僕は41歳。光栄に思う半面、荷が重いと感じていましたが、池田校長から「新しい学校だからこそ、君のような若い人に頼んだんだ」と言われ、引き受けることにしました。

僕から出した条件は、校歌にタイトルを付けさせてほしいということです。曲名は「ひかりをあびて」。作曲は山王中学校の吹奏楽部初代顧問の木内博さんにお願いしました。

校歌が制定されたのは翌72年。この歌は僕が死んだ後も、学校がなくならない限り世代を超えて歌い継がれていく。そう思うと、心が震えました。作詞者にとってこの上ない幸せです。

先日、これまで手掛けた校歌を数えてみました。補作詞を合わせると18校分でした。最近(2014年)では開校したばかりの岩城小学校から依頼を受け、「希望のかなた」という歌詞を提供しました。この年になってなお、校歌づくり

数多くの曲作りを手掛けてくれた菅原さん（中央）と一緒に（右）

に携わることができる。本当にありがたいことです。

思い出深いのは作曲者です。雄和中学校長で退職した菅原良吉さん、東京芸大卒業後に作曲家として活躍した小野崎孝輔君、東京管弦楽団の音楽監督などを務めた佐藤菊夫さん。いずれも互いの意見を率直にぶつけ合える最高のコンビでした。歌作りを通じ、いい人間関係を築けました。

菅原良吉さんと組んだ三十余曲の中でもとりわけ「ＡＫＴ少年の船の歌」は、連日テレビに流されて光栄でした。今も船の仲間と歌っています。作詞した歌は音頭や町民歌を含めて百六十曲ほどになりました。

田沢湖国体で広報に

1971（昭和46）年2月、田沢湖スキー場で冬季国体が開かれました。札幌冬季五輪を翌年に控えていたこともあり、地元は大変な盛り上がりでした。

僕の担当は広報でした。最初に取り組んだのは大会スローガンの考案です。考えたのは「あすへのシュプール」。秋田発展の願いと、札幌五輪への思いを込めた未来志向のコピーです。

国体のスローガンといえば、10年前の秋田国体の「健康・明朗・親切」に代表されるように、体育の教科研究のタイトルみたいなものばかりでした。もっとあか抜けたものにしたいと思っていました。

国体事務局の中では「斬新すぎる」「日本の国体になぜドイツ語なのか」という異論も出ましたが、最終的に原案のまま通すことができました。「斬新」さは、その後の国体に引き継がれています。間違っていなかったと確信しています。

国体で記者の取材拠点となるプレスセンターを設けたのも、この時が最初だったはずです。秋田国体の後、国体視察には毎年参加していましたが、写真現像のため宿舎の押し入れに暗室を急ごしらえする様子やトイレで現像するなど記者の苦労を見て、かねがねこれは何とかしなければと考えていました。

大会期間中、記者の皆さんからは都道府県別の順位予想をしつこく聞かれたものです。県民の関心がそれだけ高かったということです。順位は閉会式まで非公表でしたので、秋田県が何位につけているかを知るためには、各都道府県の得点を計算するしかありません。コンピューターのない時

保健体育課内の国体事務局の様子

代ですから全部手計算。あれには参りました。

国体熱はその後、少しずつ冷めていったように思います。11年後の2度目の田沢湖国体の時もそう感じました。

戦後復興とスポーツの普及を掲げた国体はいま、開催地負担などを理由に廃止論も浮上しています。71年の田沢湖国体は、国体が退潮に向かう潮目だったのかもしれません。

■イベント屋の真骨頂、インターハイ

女子校で再び教壇に

1972（昭和47）年、県教育庁保健体育課から秋田北高校に異動し、8年ぶりに教壇に立つことになりました。

保体課指導主事の職は8年という異例の長さに及んでいましたので、異動はすんなり受け入れることができました。勤務先が女子校（当時）ということにも、特段の戸惑いはありませんでした。

生徒には恵まれました。授業では自分の人生談や人生訓めいた話をよくしていました。そんな話だけで終わった授業もあります。そもそも進学校の生徒が、保健体育の授業など真剣に聞いてくれるはずがないと思っていましたから。生徒の反応は悪くなかったと思います。

自分の高校時代の思い出も紹介しました。秋高時代に生徒同士で「職員室で先生が呼んでいるよ」と一杯食わせるというたわいもないいたずら話です。その話をしたしばらく後、生徒から「教頭先生がお呼びですよ」と言われた。行ってみると教頭はきょとんとしている。生徒に完全に担がれました。北高生はとにかく明るかった。いまだに便りをくれる子も多いですよ。

半面、教師には一体感がなかったように思います。互いに不干渉なのはいいとして、学校全体を盛り上げていこうというムードがないことに少し物足りなさを感じていました。進路指導や部活動も特定の先生に偏っているという感じで、取り組む姿勢に温度差がありました。

教師としての僕の経歴は、それまで秋田大付属小学校だけでした。北高に対してちょっと厳しい言い方になってしまうのは、どうしても付属小と比べて

秋田北高時代、教え子と一緒に＝ 1972 年

しまうからなのかもしれません。

着任から2年後、指導主事として再び保体課に戻りました。主任に昇格したのはその2年後。指導主事8人のまとめ役です。予算折衝や関係団体との付き合いなど、主任になってからは格段に忙しくなりました。

いまになれば、北高時代の2年は保体課で管理職として重責を担うことになる前の最後の平穏な時間だったかもしれません。

人見賞の創設を提案

県教育庁保健体育課の主任指導主事だった1979（昭和54）年、「人見スポーツ障害見舞基金」が創設されました。

その前年に亡くなった人見誠治さん（元秋田魁新報社社長）のご遺族が県体育協会に寄付した1億円を基金とし、スポーツで重い障害を負った人に見舞金を給付するという趣旨です。人見さんは元県体協会長でした。

いまも昔も体協と保体課の関係は緊密です。基金創設には僕も事務方として関わりましたが、本県スポーツの振興に尽くした人見さんの功績をもっとたたえるべきだと訴え「人見スポーツ賞」の創設を提案しました。79年の記念すべき受賞者第1号は、秋田商高教諭だったレスリングの茂木優さんです。

人見さんは決して多弁ではありませんでしたが、その分、言葉が重かった。大所高所から物を考えたり話をしたりする人だったと思います。

〝人見語録〟を紹介します。会長時代、国体の秋田県チームのユニホームをどうするかで体協内で議論になったことがありました。流れを決めたのが人見さんの一言でした。「強い県のユニホームは見栄えがいいものだよ。色やデザインは二の次。勝つのが先だ」。名言だと思います。

人見さんがご病気で倒れた後、保体課のかつての上司の命を受け、都内の病院長だった僕の兄を通じて脳神経外科の権威を紹介しました。それが縁で、妻の琴さんとは親しく付き合わせてもらうようになりました。ご夫婦にはお子さんがいませんでしたので、実の子のようにかわいがってもらいました。

80年に出版された「スポーツ人　人見誠治」という評伝の編集にも携わりまし

東京五輪の聖火リレーの到着を待つ人見さん（左）。右は小畑勇二郎知事＝1964年9月、大館市の矢立峠

た。本に収録する写真の選定などで、何度もご自宅に伺ったものです。

　僕にとって人見さんはいまも仰ぎ見る大きな存在です。本の編集をお手伝いできたことは、人見スポーツ賞創設とともに僕の人生のささやかな誇りです。

えっ、僕も乗船するの

1979（昭和54）年のことです。AKT秋田テレビの旧知の幹部から相談を受けました。

グアム、サイパンを客船で巡る企画を考えている。対象は小学5年生から中学2年生までの800人。出航は来年の正月明けで、期間は13日間。ついては児童生徒や引率教諭をどう確保するか、助言してほしい――。「AKT少年の船」です。

800人といえば大規模校ほどの集団です。どう集めるか以前に、どう無事に終えられるかを考えなければなりません。話を聞きながら、これは大変な事業だと直感しました。知り合いの体育教師に引率役で乗船できないか声を掛けるなど、できる範囲での協力は申し出ましたが、しょせんは人ごとでした。

定員を満たしそうだというころ、AKT側から「大友さんも当然、乗船してもらえるんでしょうね」と言われました。驚きました。結局「総括」という立場で乗ることになりました。

小中学生の船旅です。想定外の事態もありました。帰りの船のことです。児童の1人が虫垂炎で緊急手術が必要になった。船から知事に連絡し、海上自衛隊岩国航空基地に飛行艇の出動を要請してもらいました。船には医師5人が乗っていましたが、手術をしなければならないような事態は想定外でした。

印象深いのは子どもたちの変化です。夜の船室巡回のたびにホームシックで寝顔に涙の跡が残っていた子も、旅の終わりには見違えるほどたくましくなっていました。

子どもを送り出した親も立派だったと思いま

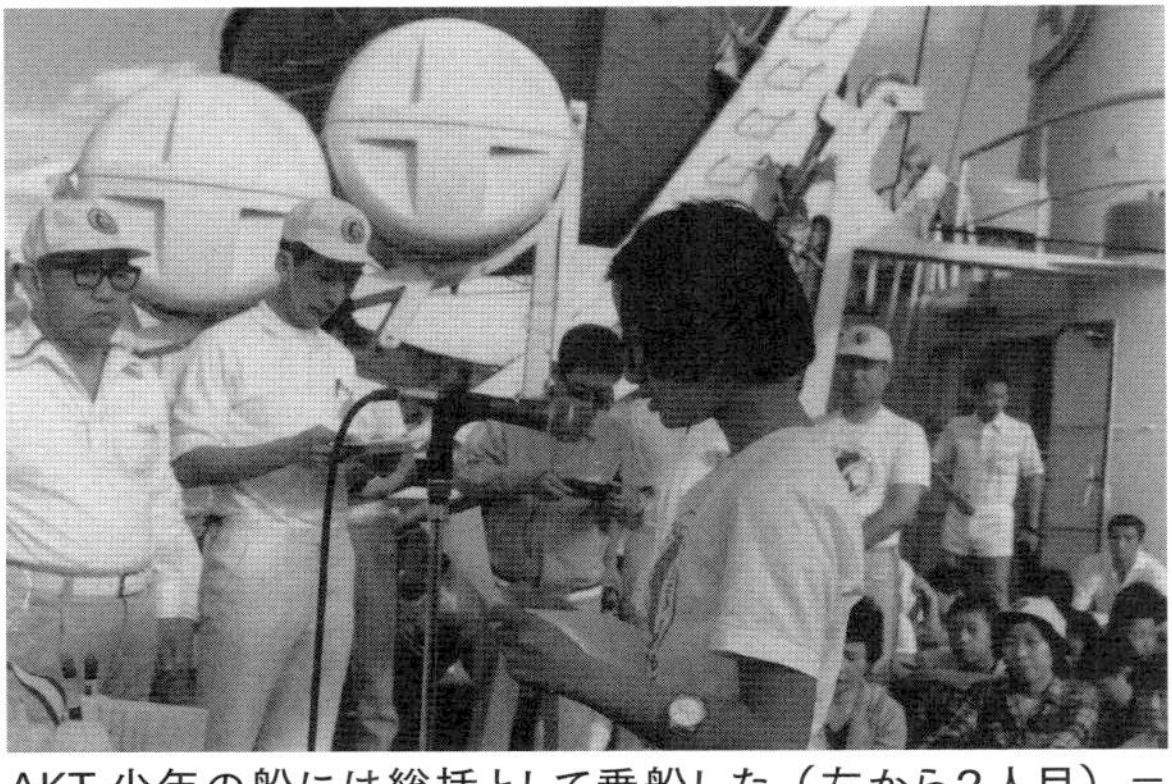
AKT 少年の船には総括として乗船した（左から2人目）＝1981 年1月

す。どの親も、わが子の無事な帰りを祈るようにして待っていたことでしょう。親も勉強をしたと思います。だから、あの企画は「少年の親の船」といえるかもしれません。

少年の船は99（平成11）年の航海を最後に幕を閉じました。参加者のその後の人生に大なり小なり影響を与えているはずです。僕も6回乗船しました。思い出は尽きません。

災害給付金獲得に奔走

1981（昭和56）年4月、保健体育課長に昇格しました。課長時代、最も心を痛めたのは83年5月26日の日本海中部地震です。遠足先の男鹿市加茂青砂で合川南小学校の児童13人が津波の犠牲になった惨事は、忘れようにも忘れられません。

保体課は当時、児童生徒に事故があったとき、保護者へ災害共済金を給付する日本学校健康会（現日本スポーツ振興センター）の県支部を所管していましたが、給付条件をめぐり難題に直面しました。学校健康会法に「自然災害は対象外」という規定があったんです。

健康会の見解は「教師の過失を認めなければ給付できない」ということでした。わが子を失ったご遺族の心痛は察して余りあります。お金で悲しみが癒えるということは金輪際ありません。それでもあの状況で給付金が下りないというのは、あまりに忍びない。

だからといって、引率教諭の過失を安易に認めるわけにはいきません。先生を見殺しにすることになります。

困り果てた末、旧知の文部省（当時）の元高官に相談しました。特別の措置を取ってもらえるようお願いし、健康会本部に掛け合いました。

交渉の根拠としたのは「引率教諭や児童は地震発生時にバスの中にいて、揺れの大きさをしっかり認識していなかった」「法律が想定し得なかった悲劇である」などです。

給付決定が出たのは6月22日、給付金は一律1050万円でした。余談になりますが、元高官はその4日後の参院選比例区で初当選しました。

合川南小
津波遭難

遺族見舞金認める

学校健康会 特例で千五十万円

日本学校健康会（東京都港区・松浦泰次郎理事長）は二十二日、審査会を開き、五月二十六日の日本海中部地震で北秋田郡合川町立合川南小の児童十三人が遠足先の男鹿市加茂青砂で津波にのまれ、死亡した事故について、児童の保護者に死亡見舞金千五十万円ずつを支給することを決めた。連絡を受けた同健康会県支部では、今月中に同町へ出向き遺族に見舞金を手渡したいとしている。

同会の規定では、見舞金は、授業中の事故などで、震災など非常災害は給付しないことになっている。しかし県支部では▽同小の遠足は学校教育活動の範囲内であり、津波は突然襲ってきた。引率教諭も児童も地震発生時にはバスの中で地震を感知しなかった▽施行令の解説では被災児童、生徒がごく少ない場合は特例的に給付を認めることがあるとしている▽五十二年の宮城県沖地震で、下校途中の児童二人が死亡した際に認められている—などから、本部に働きかけていた。

日本海中部地震義援金

22日

【二十二日受け付け分】百八十九件、三百二十七万五千五百五十七円

【累計】一億七百四十九万六千八百六円

災害給付金の支給決定を報じた1983年6月23日付の秋田魁新報朝刊

地震翌年の84年3月、県教育委員会が学校向けにまとめた「防災の手引き」の編集に携わりました。地震発生時の避難路の確保や沿岸部での津波への備えなど、いまに通じる内容だと自負しています。

地震から34年。痛恨の記憶は、しっかり語り継がれているでしょうか。

三度目の正直でした

2度目の保健体育課勤務は12年にわたり、インターハイ（ＩＨ、全国高校総体）の開催誘致に精力を注ぎました。

秋田県は１９７８（昭和53）年度と81年度の大会誘致に失敗していました。ＩＨは東日本、中央、西日本に分けた3ブロックの持ち回り開催でしたので、誘致に失敗すれば少なくとも3年待ちということになります。

秋田県は既に秋季国体を経験していましたから、ＩＨは魅力の乏しいものに映っていたと思います。一方で、全国規模の大会を開催しないと競技力を維持できないという声が県体育協会から上がり、誘致の流れが固まっていきました。

最初の誘致失敗は施設整備の遅れが原因です。開催能力がないのに手を挙げたということです。次の81年度大会に名乗りを上げたのは、最初の誘致が失敗に終わる前でした。保険をかけ、両方につばをつけたということになります。こっちが駄目ならこっちという手法でしたが、他県からは「秋田はひきょうだ」とお叱りを受けたものです。

3度目となる84年度大会誘致に手を挙げたのは、81年度の誘致が不発に終わった78年ごろです。誘致が長期に及んだ分、施設整備はほぼ完璧でした。胸を張って全国の高校生を迎えられる域に達していたと思います。

ハード面の整備と並行し、選手強化や重点競技の選定も進めました。会場決定は市町村の要望や競技団体の意向を踏まえないといけませんし、強化校の指定も重要です。どれもこれも開催決定前に決めておかなければならないことばかりでした。

課長に昇格した直後の81年5月、日本高体連理事会

インターハイ誘致が決まり、打ち合わせを重ねる（左から3人目）

で秋田開催の承認を受けました。事実上の決定です。関係者の喜びは大変なものでした。

秋田ＩＨには、誘致に名乗りを上げてから本番まで、6年ぐらい関わったことになります。〝イベント屋〟の人生で、紛れもなく絶頂期でした。

宮内庁とけんかした

全国規模の総合スポーツ大会のメーンは、何といっても開会式です。予算の配分からみても明らかでしょう。大会の評価は、開会式の成否で決まってしまう。1984（昭和59）年の秋田インターハイも例外ではありませんでした。

もっともこれは運営側の理屈です。県教育庁保健体育課長として式典を取り仕切る立場だった僕は、思い切った改革を断行することにしました。あいさつを短くし、式典の時間短縮を図ろうと考えたのです。前年の名古屋大会は炎天下、数十名が倒れマスコミから「青春バタバタインターハイ」などと揶揄されていました。

大会会長も大臣も知事も開催地首長も、あいさつは中身がかなり重複している。削れるところは削り、2人目からは余計な枕ことばなしで始めてもらいたい。インターハイの主役は高校生。激励の言葉があればいい。間違っても宣伝めいた話はやめてほしい――。僕が主張したのは、おおむねそんなところです。

最初の壁は宮内庁の東宮侍従長でした。皇太子さまのお言葉をどうするかで、ひともめありました。文案はこちらで用意していましたが、了解を得るまで難航しましたね。

文部省（当時）とも随分やり合いました。大臣には、観客に選手への声援を呼び掛けてもらうだけでいい。そう説明すると、担当の役人からは「あいさつの内容まで指図される覚えはない」と返されました。

歓迎の言葉だけをお願いした佐々木喜久治知事からも難色を示されました。「そんなに短い挨拶なら僕の心は伝わらない」――と。まさに内憂外患でした。

勝負どころでは、頭を下げながらけんかばかりしているという具合です。ただ、誰が何と言おうと譲る気はあ

インターハイの開会式＝1984年7月31日、秋田市雄和

りませんでした。最終的に全てこちらの文案で通しました。式典は前年に比べ、30分も短縮できました。

開会式当日の夜、秋田市で全国主管課長会議がありまして、文部次官から「あなたに会いたかった」と言われました。多分係員たちが、秋田の課長はキカナイ、言うこともきかない、との報告でも受けていたのでしょう。文部省でのやりとりを知っている様子でした。「非常にいい式典でした」と言ってもらいました。

舞台裏で肝を冷やす

1984（昭和59）年の秋田インターハイの開会式は成功裏に終わりましたが、舞台裏では肝を冷やしていました。

皇太子さまのお言葉の時間帯が、ちょうど秋田空港から飛行機が離陸する時間に当たっていたんです。本番10日前のリハーサルで気付きました。開会式会場の県立中央公園陸上競技場と秋田空港は目と鼻の先。マイクの声はジェット音でかき消され、全く聞こえません。

式典のスケジュールは秒刻みです。いまさら変更はできません。飛行機の離陸時間を変えてくれないかと空港管理事務所に掛け合いましたが、所長は「簡単に言わないでもらいたい。例えば飛行機が1分遅れることで、親の死に際に間に合わなくなるということもあるんです」と、にべもありません。確かにもっともなことです。

最後は知事に上京してもらい、監督官庁に掛け合ってもらおうかということまで考えましたが、話し合いが終わって見送りに立った所長が「課長さん、飛行機には離陸までの準備時間というものがあるんですよ」と言うんです。

ぴんときました。所長は恐らく、意図的に飛行機を遅らせることはできないが、滑走路で待機させることはできる――ということを教えてくれたんだと思います。「ありがとうございます。よろしくお願いします」と言って頭を下げました。

当日は定刻から10分遅れで離陸しました。あれは腹芸です。本当に気が気ではありませんでした。

幸運はほかにもありました。開会式では学校名のプレートを付けた風船を上空に飛ばす予定に

インターハイでお言葉を述べる皇太子さま（当時）

していました。これが航空法に引っ掛かるということを、本番直前になって知った。会場が空港近くですから、浮遊物を上げるのは違法なんです。

予定通り風船を上げました。確信犯です。その瞬間、風が吹いたんです。風船は空港と反対方向へ飛んでいきました。まさに神風でした。

学校改革に力尽くす

秋田インターハイから2年後の1986（昭和61）年、県教育庁保健体育課長から創立8年目の秋田西高校に校長として転任しました。55歳のときです。保体課勤務は通算20年に及びましたので、寂しくなかったといえばうそになりますが、それ以上に学校改革に燃えました。

西高は秋田市内の成績上位校に比べ、見劣りしてしまうところがありました。秋高、南高、北高に準じる学校にするためには、まずはいい生徒を集めること、そして生徒の士気を上げること。そう考えていました。

最初に入試の面接を変えました。それまでは、どこの学校も5人ぐらいずつのグループ面接が一般的でしたが、そのやり方に疑問を感じていました。受験生一人一人を見極めるためには、多少の時間はかかっても個別面接を取り入れるべきだと思っていました。赴任した年度の入試から早速実行しました。

野球部の強化にも力を入れました。僕自身が体育教員だったということもありますが、学校のイメージアップのためには野球を強くするのが手っ取り早いんです。有望な中学生を懸命に勧誘したものです。離任した年に入学した選手が3年で迎えた夏の県予選では、過去最高のベスト4入りを果たしました。

まだまだ若い学校でしたので、活気はありましたね。生徒も明るかった。僕は校長室でふんぞり返っているようなタイプではありませんから、体育の授業が始まるとそわそわしてしまう。よくサッカーやバレーボールに交ぜてもらいました。

校長室のドアは常に開け放っていました。生徒の出入りは自由です。問題児もよく入ってきました。教頭経験のない役所上がりの校長でしたし、周りの先生たちの目には奇異に映っていたことでしょう。

秋田西高の校長時代。運動会では生徒に交じってリレーに参加した＝ 1987 年

西高に在職したのは、たった2年です。自分の力がどこまで及んだかは分かりませんが、いい学校だったと思います。今も当時の生徒たちとのつきあいがあります。

看板を「学習」に変更

1988（昭和63）年、57歳で秋田西高校長から県生涯教育センター（当時）に所長として異動しました。僕は秋田弁で言うところの「しょわしない」人間。とにかく落ち着きがない。異動は青天のへきれきでしたが、新天地でも新しいことを始めたくてうずうずしていました。

最初に手掛けたのはセンター名の改称です。89（平成元）年4月、「生涯教育」の看板を外し「生涯学習」にしました。

生涯教育という言葉からは、どうしても社会教育を連想してしまいます。「学校教育や家庭教育は守備範囲外」というメッセージとも取れます。そもそも教育を分類すること自体に違和感がありましたし、「学習」という言葉が醸し出す柔らかさに引かれてもいました。

生涯学習センターとして掲げたコンセプトは「いつでも、誰でも、好きなことを学べる拠点」。そのイメージを形にしたのが、名称変更の2カ月後に立ち上げた「グレート・アカデミー平成」です。歴史や民俗、健康、園芸などをテーマに年間講座を設け、修了生を「学習指導士」に認定する。対象は55歳以上。2000年の閉講まで1400人余りが受講しました。

独身男女に出会いの場を提供するパーティーも主催しました。行政主導では先駆的だったと思います。2回やって、いずれも500人ほどの参加がありました。もっと続けるつもりだったのが選挙に利用されそうで止めました。予算はほとんどかかっていませんが、カップルは数多く誕生しましたよ。

県生涯学習センター主催の西欧研修旅行で（前列左端）＝イタリア・ローマ

戊辰戦争で秋田藩の援軍として派兵され戦死した佐賀藩士を弔う慰霊祭や、西欧への海外研修旅行も主催しました。所長として在職したセンターでの3年間は、あっという間でした。

1991（平成3）年3月、定年を迎えました。好きなことを好きにやって37年間の教師・公務員生活を無事、卒業できました。すべて職場の仲間に恵まれたからにほかなりません。本当に僕は運がいいんだなあ。

自然体で生きていく

あの大物に駄目出し

定年退職は僕にとって「待ってました」でした。やりたいことは山ほどありました。現役時代も自分の思うようにやってきましたが、しょせんは公務員という枠内でのことです。

心血を注いだのは校歌の作詞。退職した1991（平成3）年、学区再編で新設された尾崎小学校（由利本荘市）の依頼で「あしたのメッセージ」という曲名の校歌を作りました。退職後の最初の大きな仕事です。

それから3年ほどで、補作詞を含め阿仁中学校（北秋田市）、天王南中学校（潟上市）、平成高校（横手市）の校歌を手掛けました。名誉なことです。

思い出深いのは県教育庁在職中の82（昭和57）年に補作した岩城中学校（由利本荘市）の校歌です。作曲は演歌の大家、遠藤実さん。送られてきたデモテープを聞き、あぜんとしました。演歌調だったんです。

いくら今を時めく作曲家といっても、ずっと歌い継がれていく校歌がこれでいいはずがない。当時の岩城町の前川盛太郎町長に、そう進言しました。前川町長は曲を作り直してもらうよう直談判するため、直ちに上京したといいます。今度はいい仕上がりでした。

校歌制定の式典で来校した遠藤さんのあいさつが振るっていました。「私はこれまで4千曲の歌を作ってきたが、駄目出しされたことは一度もない。町長は随分音楽に造詣が深いようなので、東京で作曲家になりなさい。私がここで町長をやります」。会場がどっと沸きました。

岩城小の校歌づくりも橋渡しをしてくれたのは助役の山崎守氏のおかげです。大学同期。持つべきは友でした。

岩城中学校の校歌制定の式典で来校した遠藤実さん（前列左）。右隣は前川盛太郎町長＝ 1982 年

市町村の依頼で、かなりの数のご当地ソングも作りました。大館市体育協会の歌や全県５００歳野球の大会歌なども退職後の作品です。

講演依頼も多かった。多い年で80回ぐらい。体育行政に長く携わっていたことに加え、作詞活動で名前が売れていたためだと思います。歌のおかげで人間関係は広がりました。

わがいとしの鳥海山

鳥海山が好きです。目を閉じれば一木一草が浮かんでくるというぐらい身近な山です。

僕の登山スタイルは少し変わっているかもしれません。あえて頂上を目指さない。目的地は気持ちのいい場所に決めています。

そよ風が吹き、残雪があって、花が咲き誇る場所。寝転んで流れる雲を見ているだけで満ち足りた気持ちになれる場所。鳥海山にはそんなポイントがたくさんあります。

苦い思い出もあります。1993（平成5）年5月、象潟口の鉾立《ほこだて》付近でのことです。雪渓の斜面をそりで滑って遊んでいたら、勢い余って7メートル下の車道に転落し、骨盤骨折と尿道破裂の重傷を負いました。意識不明で病院に担ぎ込まれ、出血多量で生死の境をさまよいました。

幸運だったのは通行車両がなかったことと、現場にたまたま整形外科のお医者さんがいたことです。車が走っていたらはね飛ばされていたはずですし、お医者さんが迅速に処置してくれなければ一命を取り留めることはできなかったでしょう。

同行者には僧侶がいました。斜面の上に僧侶、下に医師。上下逆だったら大変だったというのは、後の笑い話です。

特別な思いを込めて続けた登山もあります。下野愛一郎さんの慰霊のためです。花輪高校教諭だった78年、鳥海山でのスキー合宿中に行方不明になり、85年に戸籍を抹消されました。下野さんとは面識はありませんでしたが、せめて遺留品だけでも見つけられないかと、在職中、県教育庁保健体育課の職員

鳥海山ではあえて頂上を目指さなかった＝ 1985 年ごろ

に呼び掛け、何度か捜索に参加しました。

以来、毎年7月になると、有志で6合目の「賽《さい》の河原」に卒塔婆を立ててきました。周囲からはよく「九死に一生を得たのは、下野さんが助けてくれたおかげだ」と言われたものです。下野さんのお父さんから涙のお礼状もいただきました。友人の田村昭子さんが下野先生に卒塔婆の話をしたことを後になって聞きました。

さすがに80歳を過ぎてからは登っていません。年も年です。いまは遠くから眺めるだけ。ストレスはたまります。

知事選で後援会長に

1997（平成9）年の出直し知事選で、面識のなかった寺田典城さんの後援会長を務めることになりました。いきさつはこうです。

当時、県庁は食糧費問題で大揺れで、前知事が引責辞任する事態に発展した。OBの僕も当事者ですが、それを承知で言えば、県政トップの開き直ったような態度と事務方による文書の改ざんに我慢がなりませんでした。

仲間内で相談し、本県出身で都内在住のある女性を知事選に担ぎ出そうと画策しました。全国で女性知事はいませんでしたので、刷新した秋田県を印象づける意味で適任と考えました。

結局、女性側から断りの連絡があり、擁立劇は終わりました。衆院議員だった佐藤敬夫さんの来訪を受けたのは、その翌朝のことです。僕らの動きを察知している様子で「県政を変えたいという思いは一緒だ。寺田さんに力を貸してほしい」という言い方をされた。逃げ道をふさがれたな、と思いました。

体育行政や作詞活動を通じ、広い人脈がありましたので、そこに目を付けたのでしょう。僕が考えたのは、県政刷新のためには民間出身者が知事に就くべきだということ。秋田県はずっと役人の知事でした。寺田さんを応援する上での大義でした。

事実上の一騎打ちとなった相手は、県庁出身で現知事の佐竹敬久さん。旧知の県庁OBや友人からは「裏切り者呼ばわりされかねないぞ」と忠告されましたが、覚悟の上でした。

寺田さんの当選で、僕の役目は終わりまし

知事選で初当選した寺田さん（中央）らと（右端）＝1997年4月

た。食糧費問題の幕引きを図り、行革を断行した1期目の寺田県政を見届け、選挙に関わったことは間違っていなかったと確信しました。

4年後の知事選で寺田さんの陣営から「今度も後援会長を頼む」と言われました。何度も固辞しましたが、最後は断り切れませんでした。いったん乗り込んでしまうと簡単には降りられないんです。選挙という船は。三度目はやっと離れ、辻兵吉さんになりました。知事選で得た最大の教訓です。

ロマン野球よ、永遠に

少年時代に地元の秋田市下浜で「ふるさと野球」を始めて以来、野球とは生涯にわたる付き合いになりました。

全県500歳野球大会出場を目指し、地元の有志で「下浜クラブ」というチームを結成しました。参加は1988（昭和63）年から。大会には出場9人の合計年齢が500歳以上でなければならないという特別ルールがありますので、野球経験のない年配者には累計年齢を〝稼ぐ〟ための要員としてチームに貢献してもらっていました。

チームの黎明《れいめい》期は珍プレーばかり。およそバットを振ろうという意思の感じられない打者、目の前の打球にも微動だにしない80歳の二塁手…。数々の名（迷）選手を輩出したものです。

チーム結成から10年近くたったころ、メンバーの高齢化が目立ってきました。試合に出られないベンチウオーマーが年を経るごとに増えてきたのです。

そこで始めたのが全県選抜の６００歳野球大会、通称ロマン野球です。５００歳野球を卒業した選手に出場機会を与えることが目的です。主催は秋田県ロマン野球連盟。発足したときから僕が会長を務めています。今年（２０１７年）で20回の節目を迎えます。

６００歳野球のスタートから10年後、今度は６５０歳野球を始めました。こちらも今年で10回目となります。６００歳も６５０歳も、５００歳野球を通じて知り合ったチームに声を掛け、いまはそれぞれ30チーム前後が参加しています。

最初はみんな恐れをなして「６００歳野球、６５０歳野球なんて無理だよ」と言いますが、やっ

500 歳野球の大会歌も作詞した＝ 2007 年ごろ、大仙市の神岡野球場

てみると面白がってくれます。年を取っても、みんな気持ちは野球少年のままなんですね。スポーツはルールを知ると誰でもできます。持っている能力に合わせたルールづくりはまだ遅れています。

振り返ると、野球があったから地元の仲間とこれだけ長く深くつながってこられたのだと思います。逆に野球がなければ、人間関係はずっと希薄なものになっていたかもしれません。

自然体で生きていく

１９５７（昭和32）年、祖母の死を機に墓を新しくし、墓石に「逝水《せいすい》不帰　白雲去来」という漢詩を彫ってもらいました。

四言詩の前句は「逝《ゆ》く水は帰らず」、「逝水」は故人。「あなたはもう帰ってきません。でも、あなたへの思い（白雲）はいまも尽きません」と解しています。典拠は覚えていません。

墓巡りに夢中になったのは、それからです。公私を問わず、旅先では時間を惜しんでお寺に出掛けたものです。僕の場合、古刹《こさつ》を訪ねても墓以外には関心がない。変人といわれれば相当な変人かもしれません。口の悪い友人からは、よく「お前は博士にはなれなかったが、墓師《はかし》にはなれたな」とからかわれました。

なぜ墓に引かれるのか。思い当たるのは、毎日のように祖母に手を引かれて通った近くの菩提《ぼだい》寺での幼少体験です。寺は僕にとって掛け替えのない場所だったというだけでなく、人の死を身近に感じさせてくれる場所でした。

考えてみれば、昔の人は死をいまほど遠ざけていなかったように思います。例えば、いまは病院で死ぬのが当たり前の世の中ですが、少し前までは肉親の最期を家でみとるのは、ごく普通のことでした。死は日常の中にありました。

死は時を選ばず、誰にでも訪れます。残された時間が限られているとしても、自然体で毎日を精いっぱい生きればそれでいい。死生観というほどの立派なものではありませんが、ようやくこんな境地に至りました。

さて、僕の入る墓についてですが、家族にはこう伝えています。墓石ではなく杉の墓標を立て、その下に眠らせてほしい。戒名は不要。墨痕鮮やかに「大友康二　ここ

老境の胸の内を語る＝秋田市下浜の自宅

に眠る」と記すだけでいい。墓標が朽ち果てるころには僕という人間がいたことも完全に忘れられるだろうが、それこそが本望だ――。

家族が願いをかなえてくれるかどうかは分かりません。人生は思うに任せないものだと割り切っています。

本書は秋田魁新報の連載記事「シリーズ　時代を語る」（2015年6月8日～7月22日）を一冊にまとめたものです。一部加筆・修正しました。

（聞き手＝吉田新一）

年譜

大友康二　略年譜

1930（昭和5）	7月15日、由利郡下浜村羽川字家の腰28—3に誕生
1937（昭和12）	下浜村立下浜小学校に入学
1943（昭和18）	県立秋田中学校に入学するが、肋膜炎のため1年間休学
1950（昭和25）	秋田南高等学校（現秋田高）卒業
	東北大学・秋田大学学芸学部に合格
	秋田大学に進学
1954（昭和29）	秋田大学卒業
	秋田大学学芸学部付属小学校教官に任用
1963（昭和38）	秋田県教育庁保健体育課指導主事に採用
1972（昭和47）	秋田県立秋田北高等学校教諭に任用

1974（昭和49）　秋田県教育庁指導主事に採用
1981（昭和56）　秋田県教育庁保健体育課課長任用
1986（昭和61）　秋田県立秋田西高等学校長任用
1988（昭和63）　秋田県生涯学習センター所長任用
1989（平成元）　秋田県コミュニティーカレッジ学長（2年間）

【活動】

1946（昭和21）　羽川学生会結成
1947（昭和22）　下浜村ふるさと野球創設
　　　　　　　　詩集「鮎川のほとりにて」「レ・シルフィード風の精」発刊
1952（昭和27）　羽川かしらぎ会結成（演劇他）
　　　　　　　　秋田大学学芸学部ボクシング代表

東北大会優勝・第7回国体出場（白河市）
準硬式野球部監督として東北大会2連覇
秋田大学学芸学部児童文化研究会
「はだかの王様」演出担当
ボクシング部全日本大学選手権出場（天理市）
秋田大学学芸学部映画研究会・演劇研究会結成

1957（昭和32）　三沢友子（花輪高校教諭）と結婚

1959（昭和34）　長女まどか誕生（北高・筑波大学を経て秋田商・泉中に勤務
岡山市延原良明に嫁ぎ岡山市立妹尾中学校長）

1961（昭和36）　第16回秋田国体・マスゲーム委員・入退場係長
天皇杯得点委員

1962（昭和37）　学校体育研究会設立　理事長

1963（昭和38）　東京オリンピック開・閉会式視察

1966(昭和41)　長男直誕生（秋高・早稲田大を経て秋田テレビ社員）
1969(昭和44)　西欧研修　45日間
1971(昭和46)　第12回全国スポーツ少年団大会テーマ曲「若さのメルヘン」
1972(昭和47)　田沢湖国体スキー競技大会テーマ曲「あすへのシュプール」
1973(昭和48)　札幌オリンピック視察
1977(昭和52)　東欧研修　45日間
1986(昭和61)　第20回全国スポーツ少年団大会テーマ曲「君らこそ日本を」
1988(昭和63)　全国ユースラリー「人はみな旅人なのさ」
1989(平成元)　県ゲートボール協会会長
1994(平成6)　東北ゲートボール協議会会長
　県キャンプ協会会長
1995(平成7)　県スポーツ振興審議会会長
　詩集「空ひとつ海ひとつ」発刊

２００１(平成13)　ロマン野球連盟結成　会長
ワールドゲームズ大会委員
秋田大学教育文化部同窓会　旭水会会長
２００７(平成19)　若杉国体式典委員長
２０１２(平成24)　「風のコーラス」発刊
２０１４(平成26)　ユースホステル協会会長

他、婦人会館副理事長、レクリエーション協会理事、オリエンテーリング協会会長、
県綱引連盟副会長、秋田大学教育文化学部同窓会旭水会会長など
アジア大会、ユニバーシヤード大会視察

【海外研修】

1966（昭和41）　東西文化研修団団長　45日間　40人
西欧（オランダ・フィンランド・東西ドイツ・ポーランド
フランス・スイス・オーストリア）

1973（昭和48）　ユースホステル研究団長　40日間　40人
東欧（ロシア・ハンガリー・チェコスロバキア・ポーランド）

1979（昭和54）　AKT少年の船　グアム
（1・2・4・5回総括、10・18回招待）

1982（昭和57）　秋田県・上海友好交歓会　5日間
副団長　100名

1985（昭和60）　雪の北欧研修団　10日間　16人
フィンランド・スウェーデン・ノルウェー・デンマーク

1988（昭和63）　中国・秋田市友好交流会　団長　20日間　7人

1990（平成2）　生涯学習センター「豊かさの旅」団長　10日間　33人
（フランス・イギリス・スイス）
1992（平成4）　第2回豊かさの旅　ライフフォーラム団長　10日間　17人
（ハンガリー・スイス・オーストリア・ルクセンブルク）
1993（平成5）　スイス・アルプスとフランスの旅　18日間　14人
（スイス・フランス・ドイツ）
1994（平成6）　ライフフォーラムヨーロッパの旅　団長　10日間　17人
（フランス・スイス・イギリス・ドイツ・ギリシャ）
1995（平成7）　スイス・アルプスの旅　団長　8日間　21人
1998（平成10）　ヒマラヤ・トラッキングの旅　7日間　3人
（インド・ネパール）

【受賞歴】

1986（昭和61）　秋田市文化章
2004（平成16）　秋田県文化功労章
　　　　　　　　叙勲　旭日双光章
2017（平成29）　旭水会特別功労章

他　日本綱引連盟功労賞
　　日本ユースホステル協会功労賞
　　日本体育協会スポーツ功労賞
　　日本フォークダンス連盟功労賞
　　日本キャンプ協会功労賞　など

あとがきにかえて

あとがきにかえて

人生の終わり近くにきて、こんな機会を与えてもらえるとは夢にも思いませんでした。年だからそれなりの自分史、人生譜らしいものをまとめてみたい、とは心のどこかにありましたが、具体的な計画はありませんでした。

最近になって町内会報の「ふれあい」に由利郡下浜村時代のことに触れたものを書きましたが、それだけのことです。それだけに「時代を語る」に声を掛けていただいたことを嬉しく思いました。

文中には書かなかった大きな転換期と言えば、父との別れです。母との離婚の際、わが家のすべての財産を奪っていったことです。入り婿だった父は恫喝する形で私たち子どもの学用品まで持ち去りました。脅かしておけば必ず戻ってこられると思ったのでしょう。結果は反対でした。私たち祖母、母、兄姉たちは怒りで死んでも別れたいと思ったものでした。兄・英一は海軍兵学校から東大に転籍中で、私がわが家の中心でした。十五歳、私の十五歳の春は言葉にならない悲しみと怒りの時間でした。植木鉢まですべて無くなった、がらんどうの家で、空を眺めて泣いた記憶が鮮明です。そんなすごい時代のひどい環境の中でも私たちが卑屈にもならず、歪んだ性格にもならなかったのは、母と祖母の力だったと思います。家庭の持つ教育の力を、あとになってしみじみと感じました。また、地域の皆様方からの力強い援助と声援も、事が事だけに大きな力になりました。

私は近所の子どもたちが好きでした。毎日わが家に訪ねてくるのです。母は「もっと大きい子と遊びなさい」とよく言いましたが、大きい子とは何か合わず、自分より小さい子だけの集まりでした。男女合わせて十五人ほど。わが家はまるで学校みたいでした。なぜ集まったのか。おそらく子どもたちは私の体の弱さと心の弱さに甘えたかったのだと思います。強いて言えば弱いガキ大将でした。常に周りに人がいるという幸せを、人生を通じて強く感じました。

「人生は出会いがすべてだ」と論ずる人がいます。すべてだとは思いませんが、当たっていると感じます。出会いの場というのは血縁、地縁、学縁、職縁と限られてしまいます。秋田県生涯学習センター時代、この出会いの場を広げたいと思い、「ヒューマンネットワーク・イン秋田」を立ち上げました。未知の男女が自分の名刺をつくって交流するシステムです。簡単に言えば「名刺交換会」なのですが、プログラムの中に歌があったり演説があったり。しかも誕生月のグループや誕生日、あるいは名前で五十音字の各行に分けたグループなど、回転式に交替し合うものです。大きな反響がありました。このきっかけで結婚した人、恋人を得た人など多様でした。人数は約五百人でした。

好評なので第三回を迎えることになりましたら、秋田市長選挙の運動に利用されそうになり、中止しました。今でも惜しい企画だったと思っております。

また、年を忘れてスポーツをしてきました。それも野球です。見知らぬ者同士が名刺を出して名乗るのに、スポーツだけは名乗らずに握手ができるのです。試合前、試合後の握手は「相手になってくれてありがとう」「楽しい時間をくださり、ありがとう」のお礼の行事です。心のこもらない握手も見受けられるのは残念ですが、スポーツの心を大切にすれば、おのずから生まれる感動のはずです。私のスポーツは健康よりも礼儀です。そう信じて実行し、奨励しております。

年譜をまとめてみたら、海外旅行を随分していることに気がつきました。昭和四十一年のヨーロッパホステリングで洗礼を受けたせいか、軽い気持ちで出掛けていました。ヒマラヤを見に行ったネパールの風景や中国蘭州市の市場など時折、夢に出ます。が、何と言っても圧巻はマッターホルンです。ツェルマットから仰ぎ見る雄姿は、孤高の人間の持つ強靱さと崇高な想いを高めてくれます。元気な折に出掛けて良かったな、というのが七回訪れた感想です。

きょうもあの山を歩きながら、ユングフラウなどの登山者がいると思えば、世界はひとつ、自然もひとつ、人生もひとつという感慨が残ります。旅は数多く、しかも若い折に、しかもいい仲間と。生意気にそんな言葉を伝えたいと思うのです。

ここにあらためて、「時代を語る」という企画に参加させていただいたことに感謝を申し上げるとともに、丁寧に応対してくださった担当記者の吉田新一氏と出版部の大和田滋紀氏をはじめ秋田魁新報社の皆様に心から謝意を表します。

二〇一七年七月

大友康二

子どもたちと学びながら
――作詞やスポーツにも情熱

定　　価	本体 800円＋税
発 行 日	2017年8月9日
編集・発行	秋田魁新報社
	〒010-8601 秋田市山王臨海町1－1
	Tel. 018(888)1859
	Fax. 018(863)5353
印刷・製本	秋田活版印刷株式会社

乱丁、落丁はお取り替えします。
ISBN978-4-87020-394-5 c0223 ¥800E